Roy Publicae

Stufen-Plan

Roy Publicae

Stufen-Plan

Lock-Step

Dictus Publishing

Cover image: www.ingimage.com

Publisher:
Dictus Publishing
is a trademark of
International Book Market Service Ltd., member of OmniScriptum Publishing Group
17 Meldrum Street, Beau Bassin 71504, Mauritius
Printed at: see last page
ISBN: 978-613-7-35283-0

Inhaltsverzeichnis:

I. Lockstep:

Der Covid-Stufenplan von Rockefeller aus dem Jahr 2010:

Alles, was damals vorgegeben wurde, wird heute umgesetzt.

Punkt für Punkt[1]

---

[1] Vgl. https://michael-mannheimer.net/2020/09/03/der-covid-plan-rockefeller-lockstep-2010-alles-was-damals-vorgegeben-wurde-wird-heute-umgesetzt-punkt-fuer-punkt/

II. <u>Lüge:</u>

Warum die"Covid-19-Pandemie"-Lüge entgegen aller wissenschaftlich unwiderlegbaren Gegenbeweise beibehalten wird

Am 29. August 2020 hielt *David Icke* in London eine bemerkenswerte Rede die zeigt, dass immer mehr Intellektuelle am Aufwachen sind.

Selbstverständlich hat auch in England kein einziges Systemmedium von dieser Rede berichtet.

Auszug:

Wir versammeln uns heute hier

wegen einer gefährlichen Krankheit,

einer tödlichen Krankheit,

die durch dieses Land und durch die Welt zieht.

Und es ist nicht Covid-19,

es ist der Faschismus!

Ein Faschismus,

der mit dieser Illusion

[von] einer Covid-19 Pandemie gerechtfertigt wird.[2]

---

22 *David Icke, Rede am 29.8.2020 in London* *https://uncut-news.ch/2020/08/31/ein-muss-rede-von-david-icke-in-london-vom-29-august-2020-deutsche-uebersetzung/*

III. <u>Covidioten:</u>

Warum Covid-ioten unbelehrbar sind

Es gibt ja immer noch eine Mehrheit von Menschen, die an die Covid-19- Pandemie glaubt.

Es sind dieselben Menschen, die alles glauben, was sie in den Staatsmedien lesen – und alles glauben, was sie von ihrer Regierung vernehmen.

Und dieselben, die Merkel jede ihrer bisherigen Lügen abgenommen habe – wie etwa, dass die von ihr zu uns eingeschleusten Moslem-Invasoren "Kriegsflüchtlinge" seien.

Sind sie nicht:

Sie sind die Umsetzung des Coudenhove-Kalergi-Plans, der die Zerstörung der weißen Rasse durch deren vollkommene Vermischung mit afrikanischen und islamischen Völkern vorsieht.

Dieser Plan wird derzeit unter der “Schirmherrschaft” der *Neuen Wertordnung* (NWO) umgesetzt.

Und zwar gnadenlos und ohne Rücksicht auf die Opfer, die diese Umsetzung kostet.

Ich will diese Staats-Gläubigen nicht bekehren –

weil 1. der Zeitaufwand dazu in keinem Verhältnis zum Erfolg steht –

und weil es 2. eine bekannte Tatsache ist, dass Systemgläubige und Ideologen jedweder Art in einer geradezu krankhaften Form resistent gegen Fakten und Erkenntnisse sind, die ihrem Weltbild widersprechen.

Das ist ein anthropologischer und wissenschaftlich bestens bewiesener Fakt, der so alt ist wie die Menschheit selbst.

IV. Zahlenkorrektur:

US-Seuchenschutzbehörde korrigiert Covid-19-Zahlen:

Nur rund 9.200 Amerikaner starben an Corona

So haben etwa vor kurzem die USA die Zahl der Corona-Toten nach unten korrigiert.

Nicht etwa nur um ein paar Prozent, sondern um sagen und schreibe 94 Prozent nach unten.

Man findet die Nachricht nur dort, wo die Staats-Gläubigen nie nachschauen:

in den Alternativmedien oder amtlichen Blogs von Gesundheitsbehörden, die für Ungeübte nur schwer recherchierbar sind.

Zitat:

Die Centers for Desease Control and Prevention

(CDC, US-Seuchenschutzbehörde)

stellt jetzt fest,

dass nur 6 Prozent

der ursprünglich genannten Todes-Zahl

tatsächlich ausschließlich

an Covid-19 gestorben sind.

Die Centers for Desease Control and Prevention (CDC) – die amerikanische Seuchenschutzbehörde – haben die bisherige Zählweise bei Covid-19-Verstorbenen ergänzt.[3]

Nun wird offengelegt, wie viele Patienten ausschließlich an Covid-19 verstorben sind.

Dies geschah jedoch still und heimlich – in den großen Medien wurde bis jetzt nichts davon berichtet.

Die CDC stellten jetzt fest, dass nur 6 Prozent der ursprünglich genannten Zahl tatsächlich ausschließlich an Covid-19 gestorben seien.

---

[3] Original-Link zu der Todesfallkorrekur des CDC: https://www.cdc.gov/nchs/nvss/vsrr/covid_weekly/index.htm?fbclid=IwAR1qC9bXRTmqgpniTBAvlzvAZ-wpZdAsCoFIRwiujGQy01DJlvTM6aOr4HQ

Alle anderen statistisch erfassten Covid-19-Toten hatten verschiedene, schwere Krankheiten gehabt, an denen sie gestorben sind, im Durchschnitt 2,6 Erkrankungen zusätzlich zu COVID-19 pro Person.

Das deckt sich in etwa mit früher bekannt gewordenen Zahlen aus dem Hamburger UKE, wo systematisch Obduktionen an Corona-Gestorbenen durchgeführt wurden.

Dazu erklärt der AfD-Bundestagsabgeordnete Uwe Witt, Mitglied im Gesundheitsausschuss des Deutschen Bundestages:

„Wenn in den USA jetzt die Zahlen so kommuniziert werden, dann muss die Frage gestattet sein, wie viele Menschen tatsächlich in Deutschland ausschließlich an Covid-19 gestorben sind."

Es hat den Anschein, dass in Deutschland diese Zahlen gar nicht erhoben wurden.

Wenn man den Anteil der ausschließlich an Covid-19 Verstorbenen von 6 Prozent aus den USA zugrunde legt, stellt sich die Frage, wie viele der 9.300 Toten in der Statistik bleiben in Deutschland übrig.

558?

Dafür leidet ganz Deutschland unter dem Joch der Maskenpflicht.

Knapp sieben Millionen Arbeitnehmer sind in Kurzarbeit, 600.000 Arbeitslose sind 2020 bereits dazu gekommen.

Ganze Branchen und Industriezweige stehen vor dem Exitus.

Das werden Sie uns erklären müssen, Herr Gesundheitsminister Spahn.

War es das, was Sie damit meinten, man werde vieles verzeihen müssen?"[4]

---

[4] Quelle: https://www.mmnews.de/politik/150436-cdc-korrigiert-corona-todeszahlen-drastisch-nach-unten

****

Das bedeutet im Umkehrschluss:

Eine Covid-19-Pandemie hat niemals stattgefunden.#

Auch in Deutschland sind nur 10.000 Menschen an Corona gestorben – eine Zahl, die um 50 Prozent **unter** dem Mittelwert der jährlichen Influenza-Toten liegt:

1995/96 forderte die alljährliche Grippewelle über 30.000 Tote. Nur in Deutschland.

'Nur im Jahr 2001/02 lag sie unter den Corona-Toten. Zu keinem Zeitpunkt gab es in den zurückliegenden Jahren mehr als nur Nebenmeldungen dazu in den Medien unter der Rubrik "Vermischtes". Kein einziges Mal schafften es die Grippe-Toten in eine Schlagzeile. Das ist der fundamentale Unterschied zwischen früher und heute: Früher herrschte Vernunft und Augenmaß. Heute geht es allein darum, die Neue Weltordnung zu errichten mittels einer Pandemie, die in Wahrheit keine ist. Nur wenige Zeitgenossen sind imstande, diesen Betrug zu durchschauen.

Und wie in den USA, so sind auch in Deutschland die wahren Zahlen der ausschließlich an Covid-19 Verstorbenen um einen ähnlich gewaltigen Prozentwert niedriger als jene, die offiziell angegeben werden.

Der absolute Großteil der Verstorbenen war über 80 Jahre alt – und verstarb eben nicht an Corona, sondern an einer oder mehreren der für dieses Alter typischen Primärerkrankungenwie *Bluthochdruck, Arteriosklerose, Herzinsuffizienz, Krebs etc.*:

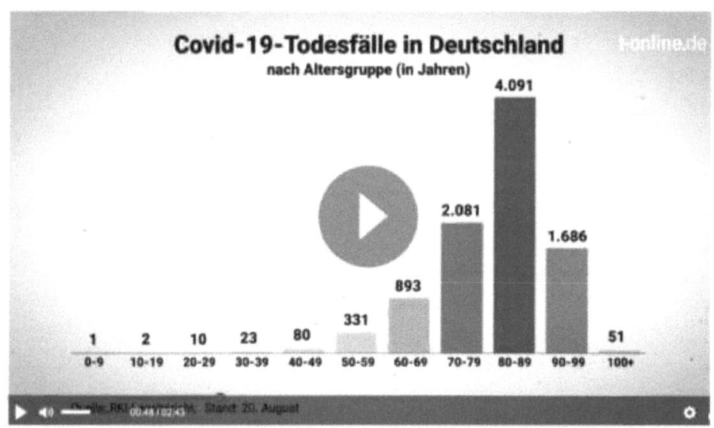

Die am stärksten betroffene Gruppe sind die 80- bis 89-Jährigen,
gefolgt von 70- bis 79-Jährigen. Die Todesopfer bei den unter 40-Jährigen beträgt beim 82 Mio. Menschen zählenden deutschen Volk *"nur ein paar Dutzend Fälle"*
Verwendete Quellen: RKI

V. Beibehaltung:

Warum die Covid-19-Pandemie Lüge dennoch unbeirrt beibehalten wird

Doch das stört weder die Regierungen dieser Welt, die sich von der NWO für die "Pandemie" **haben kaufen lassen**, mit deren Hilfe sie eine Welt-Diktatur errichten wollen – noch die Medien, die, ebenfalls von der NWO (Soros; Bill Gates u.a.) **geschmiert**, die Lüge von einer angeblich die Menschheit bedrohenden "ewigen Pandemie" verbreiten.

Im Gegenteil:

Die Mär von der Pandemie wird Tag um Tag neu befeuert.

Und Tag um Tag wird genau das umgesetzt, was im Covid-Plan des NWO-Vorantreiber **David Rockefeller schon 2010** als verbindliche Maßnahmen definiert wurde.

Da gab es noch kein Covid-19.

Dieses musste erst erfunden werden ....

Das ist ihr Plan

Lesen Sie in der Folge selbst:

Der *Covid-Plan/Rockefeller Lockstep 2010*.

Das ist ihr Plan.

Und den müssen wir stoppen, indem dieser Plan so weitläufig wie möglich verteilt wird.

Die Verantwortlichen für diesen Plan haben in ihrem satanischen Angriff auf die Menschheit alles bedacht.

Und demzufolge verschiedene Phasen, allgemeine Zeitpläne und erwartete Ergebnisse einkalkuliert und entsprechenden Gegenmaßnahmen definiert.

All dies wurde schon vor 10 Jahren festgehalten:

Im *Rockefeller Lockstep 2010*:

VI. Covidplan:

Der Covid-Plan

/Rockefeller Lockstep 2010

- **Erfinde ein sehr ansteckendes Virus mit einer super niedrigen Mortalität**, das zu diesem Plan passt (Research Strain), indem SARS, HIV, Hybrid Research Strain im Fort Dietrich Class 4 Labor kombiniert werden, 2008 bis 2013, als Teil eines Forschungsprojekts, um herauszufinden, warum Corona-Viren sich bei Fledermäusen so rasend schnell verbreiten, aber bei Menschen dies nicht tun.
- Um dem entgegenzuwirken, wurden dem Virus 4 HIV-Inserts gegeben.
- Der fehlende Schlüssel, um den Menschen zu infizieren, ist der Ace-2-Rezeptor.

- **Erfinde eine gefährlichere Version des Virus mit einer viel höheren Sterblichkeitsrate** als Backup-Plan (Weaponized Tribit Strain). Bereit in Phase 3 freigegeben zu werden, aber nur, wenn nötig.
- SARS/HIV/MERS (Research Strain) und Weaponized Tribit Strain wurden 2015 im Fort Dietrich Class 4 Labor entwickelt.

- **Transportiere Research Strain in ein anderes Class 4 Labor, das National Microbiology Lab in Winnipeg Canada, und lasse es "von China gestohlen und weggeschmuggelt werden",** Xi Jang Lee, in Chinas einziges Class 4 Labor, das Wuhan Institute of Virology in Wuhan China.
- Für zusätzliche plausible Verleugnung (plausible deniability) und dazu beizutragen, das gewünschte öffentliche Backup-Skript als etwas zu zementieren, auf das man bei Bedarf zurückfallen kann.
- Das primäre Skript ist seine natürliche Entstehung.
- Backup-Skript ist, dass China es erstellt und durch einen Unfall verbreitet hat.

- **Finanziere alle Talking Heads:**

Fauci, Birx, Tedros und Institutionen:

die Weltgesundheitsorganisation, NIAID, das CDC und auch die UNO, die vor der geplanten Freisetzung von Research Strain an Pandemiereaktionen beteiligt waren, um das gewünschte Skript während der gesamten Operation zu kontrollieren.

- **Erstelle und finanziere die Impfstoffentwicklung und verfüge einen Plan, der auf globaler Ebene eingeführt werden kann.**
- Gates: A Decade of Vaccines und the Global Action Vaccine action plan, 2010 bis 2020.

- **Erstelle und finanziere die Impf-, Verifizierungs- und Zertifizierungsprotokolle,** Digital ID, um das Impfprogramm nach der Einführung der Impfplicht durchzusetzen/bestätigen zu können.
- Gates: ID2020.

- **Simuliere die Lockstep-Hypothese** kurz vor der geplanten Research Strain-Freisetzung mit einer realen Übung als letztes Kriegsspiel, um die erwartete Reaktion, Zeitpläne und Ergebnisse zu bestimmen, Event 201 im Oktober 2019.

- **Setze Research Strain beim Wuhan Institute of Virology frei und gebe die Schuld dafür dem natürlichen Entstehungsweg** (primary script), Wuhan Wet Market, Nov 2019.
- Genau gleich wie in der Simulation.

- **Spiele die Übertragung von Mensch zu Mensch so lange wie möglich herunter, damit sich Research Strain auf globaler Ebene ausbreiten kann,** bevor ein Land mit einem Lockdown antworten kann, um der Infektion zu entgehen.

- **Sobald ein Land Infektionen erfährt, verfüge einen Lockdown, um Ein-/Ausreise zu stoppen.**
- Erlaube die Verbreitung innerhalb eines Landes so lang wie möglich.

- **Sobald genügend Menschen in einem Land/einer Region infiziert sind, verfüge Zwangs-Lockdown/Isolation für dieses Land/diese Region** und erweitere die Sperrgebiete im Laufe der Zeit langsam.

- **Übertreibe die Sterblichkeitsrate,** indem man Research Strain mit Todesfällen in Verbindung bringt, die wenig bis gar nichts mit dem eigentlichen Virus zu tun haben, um die Angst und den Gehorsam auf einem Maximum zu halten.
- Wenn jemand aus irgendeinem Grund stirbt und festgestellt wird, dass er Covid hat, deklariere es als Covid-Tod.
- Und wenn jemand verdächtigt wird, weil er mögliche Symptome von Covid zeigt, deklariere es als Covid-Tod.

- **Behalte die allgemeinen Quarantänen so lange wie möglich, um die Wirtschaft der Region zu zerstören, um zivile Unruhen zu schaffen, um die Lieferkette zu zerstören und um den Beginn einer Massenknappheit an Nahrungsmitteln zu verursachen.**
- Außerdem schwäche das Immunsystem der Menschen, indem sie mangels der Interaktion mit den Bakterien anderer Menschen, ihr Immunsystem nicht mehr trainieren, die Außenwelt, oder die Dinge, die unser Immunsystem wachsam und aktiv halten.

- **Spiele alle möglichen Behandlungen/Heilmittel herunter und greife sie an.**
- Außerdem wiederhole ständig, dass das einzige Heilmittel, das zur Bekämpfung dieses Virus funktioniert, der Impfstoff ist.
- Ziehe die Quarantäne immer weiter heraus in "Zwei-Wochen-Intervallen" [Es gibt diese Zwei-Wochen Zaubersprüche wieder. Es ist ein CIA-Programm.] bis immer mehr Menschen aufstehen und protestieren.
- Verspotte sie.

- **Schließlich beende Phase 1 der Quarantänen, sobald sie genug öffentliche Kritik erfahren, erwartet im Juni 2020, und verlautbare öffentlich, dass man denkt es sei "zu früh, um die Isolation zu beenden, aber man wird es trotzdem tun."**

- **Sobald die Öffentlichkeit wieder zur Normalität zurückkehrt, warte ein paar Wochen und übertreibe weiterhin die Sterblichkeitsrate** von Research Strain, Aug bis Sep 2020, und kombiniere es mit der Zunahme von Todesfällen aufgrund von Menschen, die höher als normal an Standarderkrankungen sterben, weil ihr Immunsystem von Monaten der Isolation stark geschwächt ist, um die Sterblichkeitsrate weiter zu erhöhen und die bevorstehenden Phase-2-Lockdowns zu hypen.

- **Schließlich, verfüge die Phase-2-Quarantänen, Oktober bis November 2020, auf eine noch extremere Art und beschuldige die Demonstranten, vor allem Menschen, die ihrer Regierung bereits nicht mehr vertrauen, als Ursache für diese riesige Zweite Welle,** wobei die Medien sagen werden: “Wir haben es euch gesagt. Es war zu früh. Es ist alles eure eigene Schuld, weil ihr einen Haarschnitt haben wolltet. Eure Freiheiten haben Konsequenzen.”
- [Sollte sich dies alles auf diese Weise entfalten, wird die US-Wahl verzögert, annulliert oder ausgesetzt werden. Meine Meinung. Wie kann man mit Phase-2-Quarantänen wählen gehen? Das geht nicht.]

- **Erzwinge die Phase-2-Quarantänen auf eine viel extremere Art, indem die Strafen für Nichteinhaltung erhöht werden.**
- Ersetze Geldstrafen durch Gefängnisstrafen.
- Erkläre alle Reisen für nicht notwendig.
- Erhöhe die Anzahl an Checkpoints, beteilige dabei das Militär.
- Erhöhe das Tracking/Tracing der Bevölkerung über die verpflichtende App.
- Übernehme die Kontrolle über Lebensmittel, Kraftstoff und schaffe große Engpässe, so dass die Menschen nur dann Zugang zu wesentlichen Produkten oder Dienstleistungen erhalten, wenn sie zuerst eine Genehmigung erhalten haben.

- **Halte die Phase-2-Lockdowns für einen viel längeren Zeitraum als die Phase-1-Lockdowns aufrecht und zerstöre die Weltwirtschaft weiter.**
- Verschlechtere weiterhin die Lieferketten und verstärke die Nahrungsmittelknappheit und dergleichen.
- Schlage jegliche öffentliche Kritik nieder.
- Betreue durch extreme Aktionen oder Gewalt und stelle jeden, der sich dagegen sträubt, als öffentlicher Feind Nummer 1 dar gegenüber denen, die bereit sind, sich zu unterwerfen.

- **Nach ziemlich langen Phase-2-Lockdowns von 6 Monaten und mehr, implementiere das Impfprogramm und die Impfzertifizierung und mache es für alle Pflicht**.
- Vorrang genießen diejenigen, die sich von Beginn an unterworfen haben.
- Außerdem lasse sie diejenigen angreifen, die dagegen sind und lass sie sagen, dass „die anderen eine Bedrohung sind und die Ursache aller Probleme", indem man sagt: "Wir können nicht zur Normalität zurückkehren, bis jeder den Impfstoff annimmt."
- Und Menschen, die sich widersetzen, "verletzen unsere Lebensweise und sind daher der unser aller Feind."
- [Mit anderen Worten, sie werden die Menschen gegeneinander aufhetzen.]

- **Falls die Mehrheit der Menschen sich der Agenda fügen, dann lasse diese Menschen in das neue System eintreten, die neue Normalität,** während man die Minderheit einschränkt, die gegen die Agenda ist, indem man es ihnen schwer macht zu arbeiten, zu reisen und zu leben.

- **Falls die Mehrheit der Menschen gegen die Agenda angeht, dann setze Weaponized SARS/HIV/MERS Tribit Strain als Phase-3-Operation frei.**
- Ein Virus mit einer Sterblichkeitsrate von 30% und mehr als letzter Schreck, um die Minderheit zu bestrafen, um schnell die Mehrheit zu werden und denjenigen, die nicht zuhörten, ein letztes "Wir haben es euch gesagt" zu geben.

- **Verfüge das New-Economy-Modell. Microsoft Patent 060606 Krypto-Währungssystem mit Körperaktivitätsdaten, die auf menschlichem Verhalten und der Bereitschaft zur Unterwerfung basiert.**
- [Es ist eine optimierte Version des Schwarze Spiegel 15-Millionen-Verdiensteprogramms, bei dem Nahrungsmittel, Wasser, Unterkünft[e] und andere wichtige Dinge als Waffe zur Durchsetzung des neuen Wirtschaftssystems verwendet werden.]
- Also im Grunde, mach was wir wollen und werde belohnt.
- Verdiene Credits und erhalte mehr Zugriff auf Dinge, die man zum Überleben braucht.
- Oder gehe gegen das, was wir wollen, und werde bestraft.
- Verliere Credits und verliere Zugriff auf Dinge, die man zum Überleben braucht.

Quellen:

- Auszug aus Thomas Williams THI Special Exposé
- Teil 2: MP3 https://traugott-ickeroth.com/wp-content/uploads/2020/07/200705_THI_TheCovidPlanRockefellerLockstep2010.mp3
- Video https://www.youtube.com/watch?v=h9HbrZWb4rY
- PDF auf Englisch https://traugott-ickeroth.com/wp-content/uploads/2020/07/Transcript-The-Covid-Plan_Rockefeller-Lockstep-2010.pdf
- PDF auf Deutsch https://traugott-ickeroth.com/wp-content/uploads/2020/07/TranscriptDE-The-Covid-Plan_Rockefeller-Lockstep-2010.pdf
- Ursprünglich gefunden mittig in: https://www.spreaker.com/user/8955881/thi-special-expose-show-part-2, https://www.youtube.com/watch?v=vEM6NLzg8Rw
- https://traugott-ickeroth.com/wp-content/uploads/2020/07/TranscriptDE-The-Covid-Plan_Rockefeller-Lockstep-2010.pdf

Printed by Books on Demand GmbH, Norderstedt / Germany